# Las obras de
## misericordia

Rocío Martín

Ilustrado por **Natasha López**

EDICIONES PALABRA
MADRID

Colección: Paso a paso
© Rocío Martín, 2025
© Ediciones Palabra, S.A., 2026
  Ronda del Caballero de la Mancha, 59 – 28034 Madrid
  Telf.: (34) 91 350 77 20 - (34) 91 350 77 39
  www.palabra.es
  epalsa@palabra.es
© Ilustraciones: Natasha López, 2025

Diseño y maquetación: Equipo editorial
ISBN: 978-84-1368-558-8
Depósito Legal: M-315-2026
Printed in Spain - Impreso en España

# Las obras de
# misericordia

Rocío Martín

Ilustrado por **Natasha López**

# Índice

# Érase una vez...

un niño al que sus padres dijeron que para triunfar en la vida tenía que ser fuerte, muy muy fuerte. Además le enseñaron que siempre tenía que ganar a los demás y quedar por encima de todos para ser alguien importante. La cosa es que el niño lo intentaba, pero no obtenía buenos resultados, es más, siempre había otros niños que corrían más que él o sacaban mejores notas en clase y eran más divertidos en los recreos del colegio. Con motivo de esto, empezó a sentir en su corazón pena y rabia, pues consideraba que era un fracasado y que, si seguía así, perdería el amor de sus padres. Cada día su interior se oscurecía más y poco a poco perdió confianza en sí mismo y en los demás.

Un día que estaba solo en el recreo, se le acercó un chaval que no conocía de nada y directamente le preguntó: «¿Por qué estás triste?». Nuestro amigo se quedó sorprendido por la amabilidad y el interés que el desconocido ponía en él, y respondió sin dudar: «Soy un fracasado, no puedo ser feliz porque no cumplo lo que otros esperan de mí». El chaval le dijo: «Pero ¿estás seguro de que todos esperan de ti lo mismo? ¿Has llegado a hablar con tu mejor amigo acerca de lo que desea de ti?». Rápidamente, el niño preguntó: «¿Quién es mi mejor amigo?». «Quien te quiere como eres», le respondió sin dudar el muchacho nuevo. A continuación le invitó a escuchar unas palabras de Jesús de Nazaret que nunca había oído y nuestro amigo sintió que un pequeño rayo de luz penetró en su interior. Con mucho interés dijo: «Cuéntame más cosas de Jesús».

Su nuevo amigo le explicó que Jesús nos ha llamado a la vida no para triunfar o ser los mejores, sino para hacer felices a los demás, y esto solo lo conseguiremos si somos capaces de ver qué necesitan los demás de nosotros y en qué medida podemos ayudarles. Jesús no quiere que seas perfecto, tan solo te pide que no pienses solo en ti y que salgas al encuentro de otras personas que necesitan tu pequeñez y tu fragilidad para sentirse comprendidas y acompañadas.

Fue en ese momento cuando nuestro amigo comprendió que solo practicando las obras de misericordia podría llegar a ser alguien muy feliz, pues la verdadera alegría solo se encuentra cuando te entregas a los demás sin esperar recompensa.

*Jesús Higueras*

# Introducción

Esta es la historia de Sita y Pepe, dos niños muy alegres, listos y cariñosos que viven con sus papás y su perrito Rayo en una preciosa casa con ventanas verdes, una gran puerta roja con el número tres y un jardín lleno de árboles. Aunque son hermanos, Sita y Pepe son muy diferentes, casi casi como el día y la noche.

Sita es la hermana mayor. Su nombre es Teresa, como el de mamá, pero todos la llaman Sita. Tiene el pelo rubio y liso, como papá, y unos enormes ojos marrones con larguísimas pestañas. Le encantan las lentejas, montar en bici y pintar, pero no le gusta nada la coliflor, los deberes de matemáticas ni levantarse pronto por la mañana, ¡mucho menos hacer la cama! Y es que Sita, a pesar de lo sonriente y bondadosa que es, es un poco perezosa. Siempre necesita un pequeño empujón para ponerse en marcha y hacer todas esas cosas que menos le gustan.

Pepe se llama igual que papá, José, y es el pequeño de la casa. Sus rizos castaños son igualitos a los de mamá y sus ojos azules son tan bonitos que parecen de otro planeta. Lo que más le gusta del mundo es jugar al fútbol con sus amigos, echar carreras con Rayo y tirarse de bomba en la piscina. ¡Cómo le chifla salpicar! Pero no le gusta nada dormir la siesta, estar en silencio o ponerse los zapatos, ¡le encanta correr descalzo! Al contrario que Sita, Pepe es un poco trasto, no sabe estarse quieto y solo piensa en correr, saltar, trotar, brincar y revolcarse por el suelo. ¡A veces no hay quien lo pare! Eso sí, da los mejores abrazos de oso del mundo.

Los papás de Sita y Pepe son estupendos. Les ayudan con los deberes, son fantásticos contando cuentos y jugando al escondite y preparan los mejores picnics en el campo. ¡Qué bien se lo pasan todos juntos disfrutando de la naturaleza! Como todos los papás del mundo, quieren que Sita y Pepe sean buenas personas, por eso se ponen muy contentos cuando hacen algo bien y les corrigen con cariño cuando se equivocan. A veces se enfadan cuando sus hijos están un poco revoltosos y no hacen caso, pero el disgusto les dura solo un rato porque Sita y Pepe comprenden que sus papás saben lo que es mejor para ellos y obedecen enseguida.

Por supuesto, no podemos olvidarnos de Rayo. El perrito de la familia se llama así porque es más rápido que el rayo comiéndose cualquier cosa que cae al suelo por accidente. ¡Qué velocidad! No importa si es una aceituna, una onza de chocolate o un trocito de jamón, Rayo es un tragón y se lanza a por ello sin dejar de mover el rabo. Es un perro muy avispado, muy divertido y juguetón y lleva un collar azul con su nombre.

Los domingos y los días de fiesta, Sita y Pepe van con sus papás y con la abuela Carmen a misa, a visitar a Jesús y a pasar un ratito con él. ¡Qué importante es escucharle, decirle cuánto le queremos y darle gracias por todo lo que nos regala!

Una de las cosas más bonitas que Sita y Pepe han aprendido en misa con el padre Joaquín son las Obras de Misericordia. Puede que no todos los niños tengan la suerte de saber lo que son... pero es muy sencillo: son acciones que realizamos con mucho cariño y mucho amor para ayudar y cuidar a los demás y, así, acercarnos más a Dios. ¿No es precioso?

En total son catorce, ¡un montón! Unas tienen que ver con el cuerpo y otras, con el espíritu; algunas las conocemos de sobra desde que somos pequeños y otras no tenemos ni idea de lo que significan... ¿Quieres aprenderlas todas y ponerlas en práctica igual de bien que Sita y Pepe?

**¡Pues adelante, vamos allá!**

# OBRAS DE MISERICORDIA

## corporales

# 1.

# Visitar

## a los enfermos

Pepe está malito, ¡vaya resfriado ha cogido! Mamá dice que es por andar todo el día descalzo, ¡con el frío que hace! Pepe tiene tos y mucha fiebre, así que debe quedarse en la cama bien tapado y tomar un jarabe con sabor a fresa para curarse lo antes posible.

Cuando mamá va a llevarle una sopa calentita a la hora de comer, se encuentra a Pepe muy serio y con cara de pena.

—¿Qué te pasa, Pepe? ¿Te encuentras peor? —pregunta mamá, poniéndole la mano en la frente para ver si le ha subido la fiebre.

—No, mami, es que estoy triste... —responde Pepe con lágrimas en los ojos—. Esta tarde íbamos a casa de Lucas a probar su nuevo avión teledirigido. ¡Vuela tan alto que puede llegar a las nubes! Y yo me lo voy a perder...

—¡Cuánto lo siento, Pepe! Si quieres, hablamos con su mamá para que, en cuanto te pongas bueno, vayáis juntos a volar el avión, ¿te parece?

Por la tarde, mientras Pepe se aburre en la cama contando los puntitos de colores pintados en la pared, un avión teledirigido entra volando por la puerta de su habitación. ¡Pepe no se lo puede creer! Se levanta de un salto y se encuentra a su amigo Lucas muy sonriente con el mando de su juguete en la mano.

—Pero Lucas, ¿qué haces aquí? —le pregunta Pepe, con la boca abierta por la sorpresa.

—Me he enterado de que estás un poco pachucho y de que no podías venir a casa. Es un rollo quedarse en la cama solo y sin poder jugar, así que he venido a hacerte compañía y a estrenar el avión juntos —responde Lucas, muy contento.

¡Qué gesto más bonito ha tenido Lucas! Los dos se pasan la tarde haciendo volar el avión por toda la habitación. Se mueren de la risa cada vez que se choca con la lámpara y rebota en la cama. ¡La visita de Lucas ha sido una estupenda medicina para Pepe!

A los pocos días, Pepe está recuperado. Vuelve a corretear, a brincar y a enredar como siempre, ¡qué contento se le ve! Además, se ha repuesto a tiempo para su partido de fútbol. Pero, cuando mamá va a recogerle al cole para llevarle al campo, Pepe no lleva la ropa de deporte.

—Pero Pepe, ¡no me digas que se te ha olvidado la equipación!

—No, mamá, tranquila —responde Pepe—. No voy a ir al partido.

—¡Pero si tenías muchísimas ganas! —le dice mamá, sorprendidísima.

—Ya lo sé, pero Lucas se ha hecho un esguince y está en su casa muy aburrido, pobrecito, ¡no se puede mover! Mejor llévame a su casa, porfa, así le hago compañía como hizo él conmigo cuando yo estaba malo.

Mamá le mira, muy contenta y orgullosa, y le lleva a casa de Lucas. Los dos se lo pasan en grande dibujando dinosaurios en la escayola y leyendo cuentos de piratas.

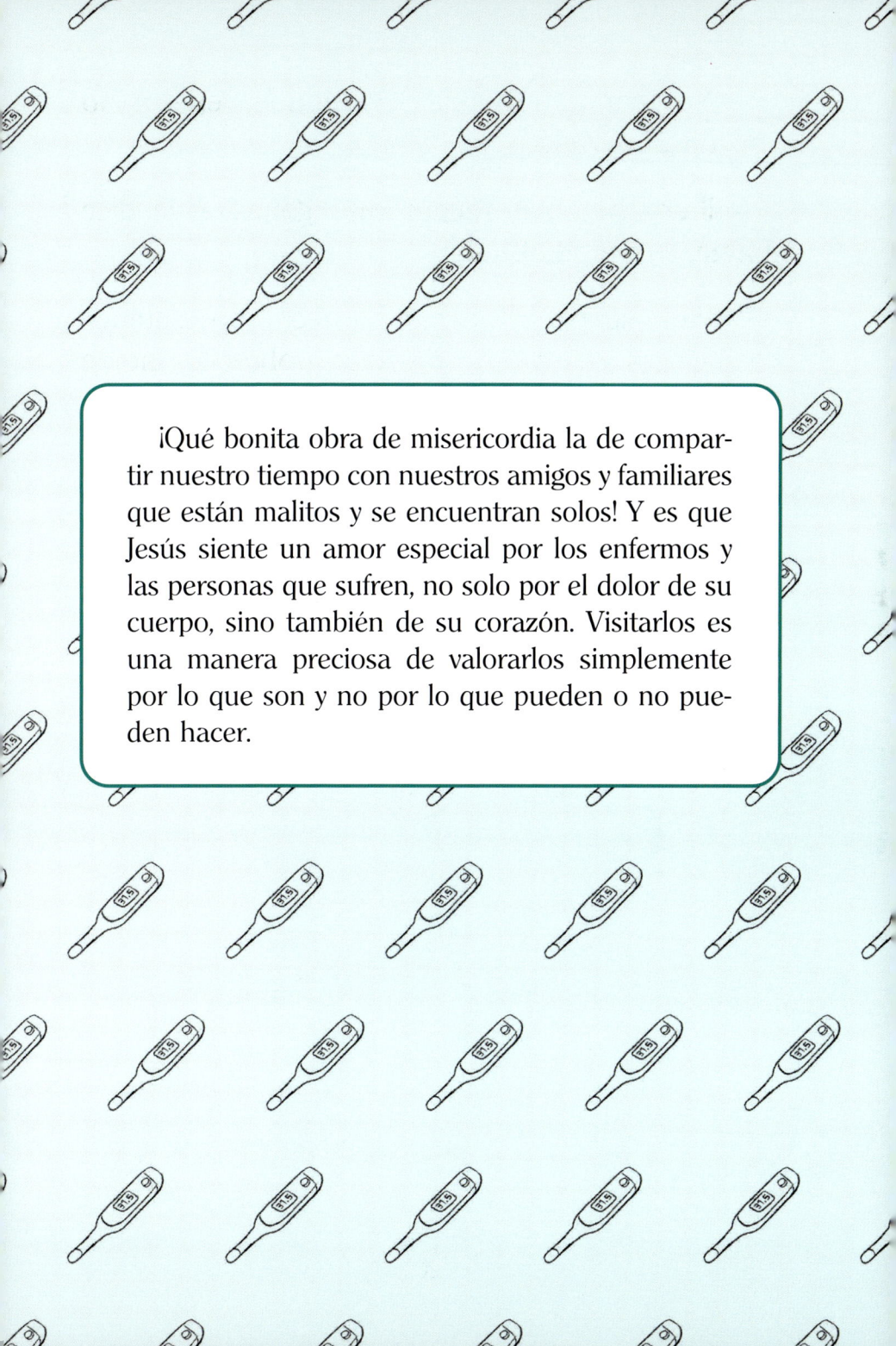

¡Qué bonita obra de misericordia la de compartir nuestro tiempo con nuestros amigos y familiares que están malitos y se encuentran solos! Y es que Jesús siente un amor especial por los enfermos y las personas que sufren, no solo por el dolor de su cuerpo, sino también de su corazón. Visitarlos es una manera preciosa de valorarlos simplemente por lo que son y no por lo que pueden o no pueden hacer.

# 2.

# Dar de comer
## al hambriento

—¡Niñooooos! ¡A comeeeeeeeeer!

Sita y Pepe entran corriendo en la cocina con Rayo ladrando tras ellos. ¡Qué mañana tan divertida jugando los tres al pillapilla! Se lavan las manos con prisa y se sientan a la mesa muertos de hambre.

—¡Qué bien huele! —exclama Sita, relamiéndose—. ¿Qué hay de comer?

—Pues... ¡algo que te va a encantar! —dice papá, sirviendo un cazo de deliciosas lentejas en el plato de Sita.

—¡Bieeeeeeen! —aplaude Sita.

—¡Oh, noooooo! ¡No me gustan las lentejas! ¡Y tengo mucha hambre! —se queja Pepe.

—Anda, Pepe, no seas protestón, que hay que comer de todo —contesta mamá muy seria.

—Sí, Pepe, hay que comer de todo —dice Sita devorando su plato—. Además, sabes que hay muchos niños como tú que no tienen nada que comer, ¿verdad, papá? Imagínate lo tristes que se pondrían viendo cómo desperdicias un plato tan rico y que da tanta energía.

Pepe mira enfurruñado a Sita, que no deja de comer, sonriente y orgullosa de enseñar a su hermano pequeño.

Al día siguiente, en la hora del recreo, Pepe saca la merienda de su mochila: un zumo de piña y un bocata de jamón con tomate, ¡su favorito! Hoy necesita mucha fuerza para la clase de natación. Mientras disfruta de su bocadillo, Sita se acerca, preocupada.

—Pepe, ¿sabes quién es ese niño que está allí solo?

—Se llama Arturo, va a mi clase. Debe de estar triste porque se ha olvidado la merienda en casa —responde Pepe dando un traguito a su zumo.

—Pues deberías compartir la tuya con él, ¿no crees? Seguro que tiene hambre y, aunque no sea un niño pobre que no tiene para comer, hoy necesita tu ayuda.

Pepe se lo piensa un segundo y sale disparado hacia Arturo, divide el bocata en dos, le da una mitad a su amigo y se sienta a su lado. ¡Menuda cara de felicidad la de Arturo! Ahora tendrá tanta energía como Pepe para tirarse a la piscina.

Por la noche, toda la familia está sentada a la mesa, preparada para cenar. Sita vuelve a contar una vez más cómo ha enseñado a Pepe a compartir su comida.

—¿Verdad, abuela, que no debemos tirar la comida y tenemos que compartir siempre que podamos con los que no tienen? —pregunta Sita, ansiosa.

—Claro que sí, cielo. ¡Qué bien te lo sabes y cuánto ayudas a tu hermano a aprenderlo! —responde la abuela, acariciándole el pelo.

Sita mira a Pepe muy contenta, pero esa gran sonrisa desaparece de su boca cuando papá pone delante de ella un plato de coliflor.

—¿Quéeeeeeeeee? ¿¡Coliflooooooooor!? ¡No, por favor! —exclama Sita con cara de horror.

Pepe mira a su hermana con una sonrisa pilla, mientras pincha un trocito de coliflor.

—Abuela, creo que ahora me toca a mí enseñarle a Sita que hay que comer de todo...

Todos se ríen por la situación tan divertida y Sita arruga la nariz con disgusto.

Y es que Dar de Comer al Hambriento es una obra de misericordia que podemos practicar de muchas maneras: compartiendo nuestra comida con los demás, no desaprovechándola porque no nos gusta y no siendo exigentes ni caprichosos con lo que comemos. Además, siempre es bueno guardar unos ahorros para ayudar a los necesitados de todo el mundo que no tienen qué comer. Compartiendo con ellos, no solo les ayudamos a no pasar hambre, sino que les enseñamos lo más importante: la grandeza del amor de Dios.

# 3.

# Dar de beber
## al sediento

—¡Booooooooooomba vaaaaaaaaaaaa!

Pepe coge carrerilla y se tira a la piscina de bomba, empapando a toda la familia, que disfrutaba de una bonita mañana al sol.

—¡Pepe, ten más cuidado! ¡Has mojado mi cuento! —dice Sita molesta.

—¡Perdóooooon! —responde Pepe, mientras salpica sin parar a Rayo, que intenta cazar el agua al vuelo.

—Pepe, deja el agua tranquila, ¡vas a vaciar la piscina! —le pide mamá levantando la voz.

¡Menudo terremoto está hecho este Pepe! ¡Cómo le gusta enredar con el agua! Por eso, mamá, que tiene mucha paciencia y quiere que aprenda, le corrige y le recuerda que, aunque parezcan divertidas, hay cosas que no se deben hacer.

—¡Cierra el grifo al lavarte los dientes, estás desperdiciando el agua!

—¡Sal de la ducha, que ya llevas mucho rato!

—¡Pepe, deja de jugar con la manguera! ¿No ves que estás encharcando el jardín?

Por la noche, Pepe llama a mamá desde la cama.

—Mami, porfa, ¿me traes un vaso de agua? Tengo mucha sed —susurra Pepe.

Mamá se sienta a su lado y le mira un poco seria.

—Vaya, vaya... Llevo todo el día detrás de ti para que tengas cuidado con el agua y no me has hecho ni caso —dice mamá—. Y si no quedase agua para beber porque la has malgastado toda jugando, ¿qué haríamos, Pepe?

Pepe se queda en silencio, pensando en todas las trastadas que ha hecho durante el día.

—Hay muchíiiiiisima gente alrededor del mundo que no tiene agua para beber, para cocinar, para lavarse las manos, ¡mucho menos para ducharse! Por eso, nosotros, que tenemos tanta suerte de abrir el grifo y tener agua fresquita enseguida, debemos cuidarla y aprovecharla bien —le explica mamá con cariño.

Pepe mira a mamá con los ojos muy abiertos y le pide perdón por haber sido un poco trasto.

—Mamá, te prometo que, a partir de mañana, voy a tener mucho cuidado con el agua.

¡Qué responsable se ha vuelto Pepe! ¡No se le pasa una! Ahora ya no deja el grifo abierto mientras se lava los dientes, no se entretiene en la ducha y utiliza la manguera con cuidado para regar las plantas.

Como está tan preocupado por las personas que no tienen agua en el mundo, Pepe ha puesto su hucha en la cocina para que, entre todos, recauden dinero para ayudar a un grupo de la parroquia que construye pozos en África, ¡una obra preciosa!

—Venga, Sita, echa una moneda en el cerdito, que todos tenemos que colaborar —le pide Pepe a su hermana.

Pero, además, Pepe es el encargado de cuidar que su familia siempre tenga agua fresquita en la mesa a la hora de comer... incluido Rayo, por supuesto.

—Rayo, con cuidado, que lo estás tirando todo fuera y no se puede malgastar el agua —exclama Pepe muy serio con los brazos en jarras.

Porque, aunque no podamos dar de beber a todos los sedientos del mundo, siempre podremos practicar esta obra de misericordia haciendo un buen uso del agua, aprovechándola, disfrutándola y agradeciendo la suerte que tenemos. Pero, como Pepe y su familia, aún podemos hacer algo más. Cuando Jesús estaba en la cruz, sintió sed y un soldado le dio de beber. Por eso, debemos buscar a Jesús en todas esas personas que necesitan colmar su sed y colaborar con organizaciones que trabajan para que el agua llegue a todos los rincones del mundo.

# 4.

# Dar posada

## al peregrino

Sita está coloreando con sus lápices el libro de animales de la selva que le ha regalado la abuela. ¡Le está quedando súper bonito! De pronto, escucha un golpe muy fuerte que viene del despacho de papá y mamá. ¡Bummmmm!

—¡Sita, ven un momento, por favor! —le pide papá desde la otra habitación.

Sita resopla perezosa, pero obedece y va hacia el despacho. Allí está todo desordenado. Papá está montando una cómoda, mientras Mamá trata de colocar un sofá cama enorme.

—¿Qué estáis haciendo? —pregunta Sita intrigada.

—Preparando la habitación para nuestro invitado —responde papá, dando martillazos.

—¿Invitado? ¿Qué invitado? —pregunta Sita de nuevo, muy sorprendida.

—¡No le conocemos! Se llama James, es el sobrino de unos antiguos compañeros. Es de Inglaterra, pero viene a España a trabajar y no conoce a nadie, así que vamos a acogerle unos días —explica mamá con una sonrisa.

Sita se queda callada, sin entender muy bien por qué va a dormir un desconocido en su casa.

James llega a España con una gran sonrisa y hablando español un poco regular. Toda la familia le recibe con mucho cariño y alegría. ¡Hasta Rayo quiere jugar con él todo el tiempo!

El domingo, Papá prepara una paella y le pide a Sita que ponga la mesa en el jardín, ¡hace un día estupendo!

—Oye, papá, ¿James va a quedarse mucho tiempo? —pregunta Sita mientras coloca los cubiertos.

—El que necesite, cariño —contesta papá—. Le está costando encontrar una casa donde vivir. Sabes que tenemos que ayudarle, ¿verdad?

—¿Por qué? Si no le conocemos de nada...

Papá mira a Sita, sorprendido.

—Pero Sita, ¿no recuerdas que «dar posada al peregrino» es una obra de misericordia? —pregunta—. James es nuestro peregrino y, aunque no sea una persona sin dinero, nosotros podemos ayudarle mientras pasa por esta pequeña dificultad para que su camino sea más fácil y agradable, ¿no te parece?

Sita se lo piensa un momento y sonríe.

—¡Claro, papá, tienes toda la razón!

Toda la familia disfruta de una deliciosa paella en el jardín. James rebaña su plato, ¡nunca había probado algo tan rico! Y de postre, Sita ha preparado una riquísima tarta de manzana con ayuda de mamá. ¡James no puede estar más encantado, es su favorita!

Sita y James se hacen muy amigos. James le ayuda con los deberes de inglés y Sita le enseña a preparar la tarta de manzana y algunas palabras en español. ¡Qué risa les da cuando juegan a decir «el perro de san Roque no tiene rabo»!

A los pocos días, James encuentra una casa estupenda para vivir. Prepara su maleta de rayas y, con un poco de pena y muy agradecido, se despide de la familia. Sita, preocupada y algo tristona, le pregunta a papá:

—Papá, aunque James ya no sea nuestro peregrino, ¿puede venir los domingos a comer paella?

Papá se ríe a carcajadas y le contesta que sí.

A pesar de que esta obra de misericordia parece muy difícil de practicar, siempre podemos colaborar con asociaciones y albergues que ayudan a las personas sin hogar. Pero también podemos acoger, en nuestra casa y en nuestro corazón, a compañeros, amigos o conocidos que pasan por momentos difíciles y necesitan un lugar en el que dormir una temporada o una familia que les haga compañía, les apoye y les trate con cariño. Porque Jesús también fue peregrino y compartió su amor con los que lo acogieron.

# 5.

# Vestir

## al desnudo

—¡Sita, espabila, que llegamos tarde a misa! —exclama mamá desde la entrada.

—¡Ya voooooooy! —responde.

Sita revuelve dentro del armario buscando algo que ponerse. ¡Tiene tanta ropa y tan bonita! Pasa un vestido, y otro, y otro, y otro... y termina poniéndose con prisa el mismo de siempre, el amarillo de puntitos que tanto le gusta. Después, abre un enorme cajón lleno de zapatillas de todos los colores, pero decide ponerse las blancas que utiliza todos los días. ¡Son perfectas para montar en bici!

¡Ya está lista! Al final no ha tardado tanto... Cuando Papá la ve aparecer, se sonríe.

—Pero, cariño, tienes un montón de ropa preciosa que nunca te pones, ¿por qué has vuelto a elegir ese vestido? —pregunta papá.

—Es que es mi favorito —afirma Sita orgullosa.

Por la tarde, la abuela Carmen está enredada con montones y montones de ropa. Por todas partes hay jerséis, pantalones y zapatos de todos los tamaños y colores. ¡Menudo jaleo! Sita se acerca, curiosa.

—Pero, abuela, ¿vas a montar una tienda?

—¡Uy, qué cosas tienes! —se ríe la abuela—. Estoy ayudando en la parroquia. Recogemos ropa que la gente ya no utiliza para repartirla entre los que no tienen. ¿Quieres ayudar?

—¡Vale, abuela! Yo ordeno la ropa de niños —se ofrece Sita.

—No, no... Quiero decir si quieres ayudar donando algo de tu ropa —responde la abuela.

—¿Yoooooo? —pregunta Sita muy sorprendida—. ¡Si yo no tengo nada para dar!

—¿Seguro, Sita? —pregunta la abuela—. Piénsalo bien. Tendrás camisas que se te han quedado pequeñas, o vestidos que no te pones nunca, o zapatillas que ya no te gustan. Tienes tanta ropa que no utilizas y hay tantísimas niñas como tú sin nada que ponerse...

Sita reflexiona en silencio y sale corriendo hacia su habitación. Empieza a sacar vestidos, camisetas, faldas, chaquetas... ¡todo lo que no se pone y aún se puede aprovechar! Pepe se asoma alucinado desde la puerta, ¡parece que su hermana se va de viaje sin avisarle!

—¡Qué va, Pepe! —contesta Sita—. Estoy juntando toda la ropa que no me voy a poner más para echar una mano a los necesitados. ¡Deberías hacer lo mismo!

Sita aparece en el salón con un montón de ropa preciosa para donar.

—¡Mira, abuela! ¡Mira a cuántas niñas vamos a ayudar!

La abuela Carmen mira asombrada toda la ropa que ha juntado Sita y le da un beso muy grande.

—Bien hecho, Sita, en la parroquia van a estar muy contentos.

De repente, Pepe aparece descalzo, corriendo y arrastrando una bolsa llena de zapatos.

—Abuela, yo quiero ayudar también. Quiero donar todos mis zapatos, no los voy a usar más —anuncia Pepe.

La abuela y Sita se mueren de risa y ayudan a Pepe a calzarse otra vez.

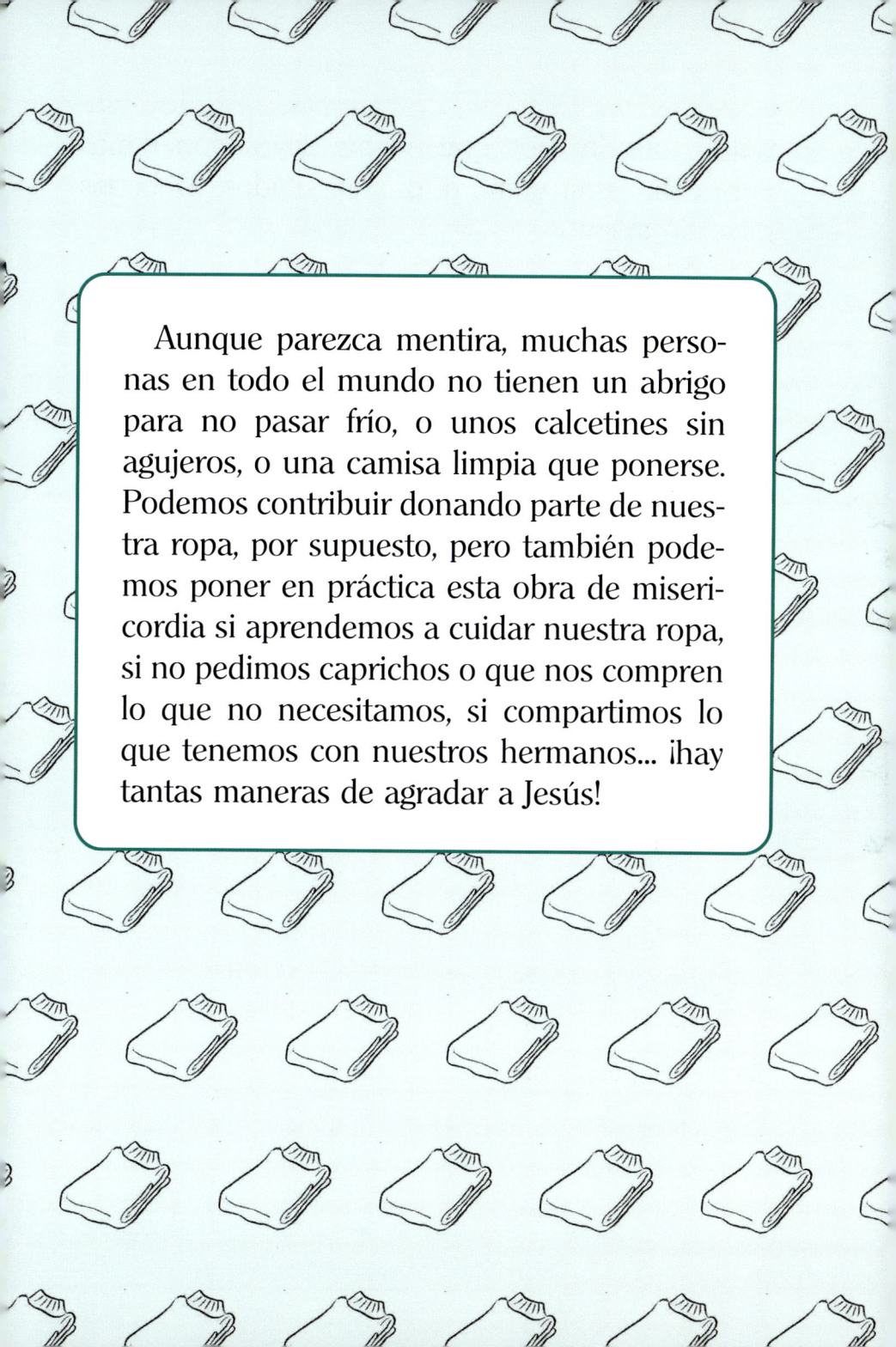

Aunque parezca mentira, muchas personas en todo el mundo no tienen un abrigo para no pasar frío, o unos calcetines sin agujeros, o una camisa limpia que ponerse. Podemos contribuir donando parte de nuestra ropa, por supuesto, pero también podemos poner en práctica esta obra de misericordia si aprendemos a cuidar nuestra ropa, si no pedimos caprichos o que nos compren lo que no necesitamos, si compartimos lo que tenemos con nuestros hermanos... ¡hay tantas maneras de agradar a Jesús!

# 6.

# Visitar

## a los presos

—¡Siete...! ¡Ocho...! ¡Nueve...! ¡Y dieeeeeez!

Sita sale corriendo a la velocidad de un cohete para que no la pillen. ¡Se lo pasa pipa en el recreo jugando con sus amigos a policías y ladrones! Jaime está a punto de atraparla, pero Sita es más rápida y se escapa por los pelos.

De pronto, Sita deja de escuchar las risas de sus amigos. Preocupada, se acerca a ver qué sucede y ve a María y a Paula discutiendo.

—Pero, chicas, ¿qué pasa? —pregunta Sita.

—¡Paula me ha empujado y me he caído al suelo! ¡Mira lo que me he hecho! —llora María mientras enseña sus rodillas llenas de raspones.

—¡Ha sido sin querer! —grita Paula—. Ibas muy deprisa y te has debido de tropezar...

—¡Eso no es verdad! —exclama Jaime—. ¡Te he visto empujarla!

Sita pone paz entre todos y acompaña a María a la enfermería para que le curen las heridas.

Por la tarde, Sita está haciendo los deberes de matemáticas con mamá.

¡Le cuesta un montón! Por eso, necesita un poco de ayuda para no despistarse con las sumas y las restas.

—Pensaba que iba a venir tu amiga Paula a hacer los deberes —le dice mamá.

—¡De eso nada! —asegura Sita—. Estamos todos muy enfadados con ella porque ha empujado a María en el recreo y ni le ha pedido perdón, ¡no sabes la herida que se ha hecho! Ya no queremos jugar con ella nunca más.

—¡Qué cosas dices! —responde mamá, muy sorprendida—. Paula lo ha hecho muy mal, pero debéis darle otra oportunidad. ¿Te imaginas que papá o yo no volviésemos a ayudarte con los deberes porque un día no te portas bien?

Sita se queda pensando, un poco avergonzada.

—Hay que acompañar a quien lo hace mal para ayudarle a mejorar y a que no se desvíe del buen camino, que a veces es un poco difícil —le explica mamá con una sonrisa.

Al día siguiente, en el recreo, todos están listos para jugar a policías y ladrones... menos Sita, que no aparece por ninguna parte. ¿Dónde se ha metido?

Pero Sita no va a salir al recreo porque está en clase haciendo compañía a Paula y jugando juntas a los barcos, ¡Paula juega de miedo!

—Muchas gracias por hacerme compañía, Sita, eres muy buena —le dice Paula mientras coloca sus barcos con cuidado en el papel—. En cuanto vea a María, le voy a pedir perdón. No quería empujarla tan fuerte ni que se hiciera daño por mi culpa, solo estábamos jugando y me asusté al ver la sangre en sus rodillas...

—Ya lo sé, Paula, ¡no te preocupes! —le tranquiliza Sita—. ¡Nos puede pasar a todos! Lo importante es saber qué hemos hecho mal y volver por el buen camino, como dice mi madre. Y prepárate... ¡porque esta vez te voy a hundir todos los barcos!

Paula estalla en una carcajada y empieza la partida.

50

Puede parecernos que visitar a los encarcelados es una obra de misericordia muy difícil de practicar para los niños, pero ¡qué va! No tenemos más que pensar en aquellos compañeros del cole y amigos a los que los demás rechazan y dan de lado. Es como si estuvieran en una cárcel donde nadie los tiene en cuenta, no les hacen caso ni juegan con ellos. Ayudémoslos a no sentirse solos y a que tengan siempre una oportunidad para hacer las cosas bien. ¡A Jesús le va a encantar!

# 7.

# Enterrar
## a los difuntos

Es sábado por la mañana, ¡ha salido el sol y hace un día precioso! Sita y Pepe acompañan a la abuela Carmen al cementerio para visitar al abuelo Tomás. Le llevan un ramo de flores precioso y muy colorido, que colocan con ayuda de la abuela.

—Fenomenal, así está perfecto, ¡al abuelo le va a chiflar! —dice la abuela muy contenta.

—Pero, si el abuelo Tomás está en el cielo, ¿podrá ver que le hemos traído flores? —duda Pepe, un poco confundido.

—¡Claro, Pepe! —responde la abuela—. Aunque el abuelo esté en el cielo, tenemos que seguir cuidándolo y queriéndolo mucho y tratando con cariño el lugar en el que descansa su cuerpo.

—Porque enterrar a los difuntos es una obra de misericordia, ¿verdad, abuela? —pregunta Sita.

—¡Eso es! Y una muy importante... ¡Venga!, vamos a rezar un poquito por el abuelo los tres juntos —les anima la abuela santiguándose.

Por la tarde, Sita y Pepe están haciendo un rompecabezas gigante con el dibujo de una granja. ¡Menudo lío, todas las piezas parecen iguales! Pepe,

distraído, lleva diez minutos con la misma pieza en la mano.

—Pero Pepe, ¡que esa esquina va aquí abajo, que no te enteras! —le regaña Sita entre risas—. ¡Estás muy despistado!

—¡Es verdad! —Pepe da un brinco y coloca la pieza en su sitio—. Es que estoy preocupado, Sita, porque creo que Jesús se va a enfadar con nosotros.

—¿Con nosotrooooooos? —Sita no se lo puede creer—. ¿Y eso por qué?

—Pues porque nosotros somos pequeños y no podemos enterrar a las personas que se van al cielo, ¿sabes? —le explica angustiado—, entonces no podemos practicar la obra de misericordia y Jesús se va a disgustar. ¡Seguro!

Pepe parece a punto de echarse a llorar, así que Sita le coge de la mano y le ayuda a levantarse.

—Tranquilo, Pepe, vamos a buscar a la abuela. Seguro que nos dice qué podemos hacer.

Sita y Pepe encuentran a la abuela regando las plantas en el jardín. Al ver a Pepe tan tristón, le pregunta qué le pasa. Como Pepe ha empezado a llorar, Sita se lo explica a la abuela sin soltarle la mano a su hermano.

—Pero bueno, Pepe, ¿cómo se va a enfadar Jesús contigo por eso? —la abuela le seca las lágrimas con su pañuelo—. Además, si ya habéis realizado esa obra de misericordia esta mañana...

—¿Ah, sí? —pregunta Sita, sin poder creérselo—. ¿Cuándo?

—Cuando habéis venido conmigo a llevarle flores al abuelo y a cuidar su sepultura —explica la abuela.

—¿En serio? —pregunta Pepe sonriendo y con los ojos muy abiertos.

—¡Claro que sí! Y ¿os acordáis cuando fuisteis a jugar con vuestro amigo Carlos para que no estuviese triste cuando su abuelita se fue al cielo?, ¡también la practicasteis sin daros cuenta!

—¡Jo, Pepe! ¡Entonces Jesús debe de estar contentísimo con nosotros! —se ríe Sita.

¡Que no nos asuste esta obra de misericordia! Enterrar a los difuntos es cosa de mayores, claro, pero siempre podemos, como Sita y Pepe, llevarles flores, visitarlos en el cementerio y rezar mucho por ellos. Aunque estén en el cielo, su cuerpo ha sido templo del Espíritu Santo y tenemos que tratarlo con mucho cariño. Por supuesto, tampoco nos podemos olvidar de acompañar a nuestros amigos que sufren cuando sus familiares se van al cielo, ¡a Jesús le chifla ver cómo ayudamos a los demás!

# OBRAS DE MISERICORDIA

## espirituales

# 8.

# Enseñar

## al que no sabe

—¡No, Pepe, no sabes! ¡La sábana tiene que ir más arriba!

—¡Así no se colocan los cubiertos! ¡El tenedor va aquí!

—¡La barriguita del número cinco va hacia el otro lado, Pepe!

—¿Pero todavía no sabes atarte los cordones? ¡Déjame a mí!

Sita se ha levantado un poco mandona esta mañana y no para de regañar a Pepe cuando se equivoca o no hace las cosas bien. Al principio, a Pepe no le ha importado nada, pero cuando Sita se ha reído de su dibujo, Pepe se ha enfurruñado de verdad.

—¡Deja de reírte, Sita, que soy pequeño! —grita Pepe muy enfadado mientras se marcha a su habitación.

Al oír las voces de Pepe, Papá se acerca a ver qué pasa.

—Nada, Papá —responde Sita muy tranquila—. Estaba intentando enseñar a Pepe a dibujar un perro y se ha enfadado. ¡Mira! —exclama, enseñándole el dibujo de su hermano—, ¡mira qué mal lo ha hecho! ¿A quién se le ocurre pintarle cinco patas a un perro?

Pero Papá se pone muy serio.

—¿A que, cuando yo te ayudo con las matemáticas, no me río de ti? —pregunta Papá—. ¿A que te enseño despacito y con cariño y, si te equivocas, no pasa nada y vuelves a intentarlo?

—Claro, Papá... ¡Eres el mejor profesor del mundo!

—Entonces... ¿por qué no haces lo mismo con tu hermano? Hay que enseñar con paciencia, sin creernos mejores ni más listos que los demás. Igual que queremos que nos enseñen a nosotros cuando no sabemos hacer algo, ¿verdad? —le explica Papá.

Sita se da cuenta de que no se ha portado muy bien y sale corriendo a buscar a Pepe.

—¡Peeeepeee! ¡Peeeeepeeeee! ¿Dónde estás? ¡Quiero pedirte perdón! —Sita le busca por toda la casa, pero no le encuentra. ¿Dónde se habrá metido?

De pronto, Sita escucha a Rayo ladrar en el jardín.

—¡Guau! ¡Guau! ¡Guau!

Sita se asoma a ver qué está haciendo y encuentra a Pepe con un libro en la mano, sentado junto a Rayo. ¡Le está enseñando a leer!

—No, Rayo, no. Esa es la letra A, no la U —le explica Pepe despacio, acariciándole la cabeza—. Venga, otra vez, ¿cuál es esta? ¡Piénsalo bien, que es difícil!

—¡Guau! ¡Guau! ¡Guau!

Sita no se lo puede creer. Le entra la risa sin querer y Pepe la descubre detrás de la puerta.

—¿Ves, Sita? Así es como me tienes que enseñar, ¿a que sí, Rayo?

El perro ladra contento y se abalanza sobre Pepe, chupándole la cara y haciéndole reír.

¡Enseñar al que no sabe es algo precioso y una obra de misericordia muy importante! Podemos ayudar a los demás a aprender cosas del cole, como sumar o escribir palabras difíciles, pero también podemos enseñar a los que no saben rezar, o compartir, o poner la mesa, ¡o incluso chutar el balón! Eso sí, debemos hacerlo siempre con humildad y respeto, sin presumir de todo lo que sabemos y sin mirar al otro por encima del hombro, tal y como nos gustaría que lo hicieran con nosotros.

# 9.

# Dar buen consejo
## al que lo necesita

Sita termina de atarse las zapatillas, coge su casco y llena su cantimplora de agua fresquita. ¡Está preparada para la excursión en bici con su amiga!

—¡Mamáaaaa! ¡Me marcho! ¡Viene Marta a buscarme!

Mamá viene a ayudarla y le guarda un bocata y unas chocolatinas en la mochila.

—¿Habéis terminado los deberes? —pregunta mamá, ayudándola a ponerse el casco.

—¡Sí! Teníamos que escribir una redacción sobre las vacaciones. ¡Facilísimo! Yo he terminado enseguida, pero Marta ni ha empezado. ¡Menuda bronca le va a echar la profe cuando se entere de que no lo ha hecho!

—¿Y no crees que deberías decirle que haga los deberes antes de irse a jugar? —pregunta mamá—. Tú, que eres su amiga y quieres su bien, debes darle un buen consejo para evitar que haga las cosas mal y le regañe la profesora, ¿no te parece?

Sita está de acuerdo. Sube corriendo a su habitación y guarda en su

mochila su cuaderno y su estuche. ¡Ahora sí está lista para irse!

Marta y Sita se lo pasan pipa montando en bici por el parque. ¡Hasta han echado una carrera y todo! Cuando ya se han divertido un rato, se sientan a descansar y a merendar.

—Marta, he pensado que deberías hacer los deberes para que la profe no se enfade —le cuenta Sita mientras abre una chocolatina.

—¡Ay, Sita! ¡Es que no tengo ganas! Me apetece montar en bici, no hacer los deberes, ¡es un rollo!

—Ya lo sé, a mí me pasa lo mismo. Pero, si los terminas cuanto antes, luego te sientes mejor sabiendo que has hecho las cosas bien. ¡Y encima te ponen buena nota! Es mi consejo. ¡Mira! —Sita saca el cuaderno y el estuche—. Si quieres, los hacemos ahora en un ratito, yo te ayudo, y después echamos otra carrera. ¿Trato hecho?

Sita extiende la mano hacia su amiga para que choque. Marta se lo piensa, un poco enfurruñada, ¡qué pocas ganas tiene de trabajar!, pero choca la mano de Sita.

—¡Trato hecho!

Sita ayuda Marta a escribir su redacción sobre las vacaciones. Juntas se ríen recordando lo bien que se lo pasaron en el campamento montando la tienda de campaña y Marta le cuenta cuánto disfrutó en la playa con sus primos. ¡Qué alto saltaba en la orilla para que no le pillaran las olas!

Al final no ha sido para tanto y, en un ratito, han terminado los deberes. ¡Marta está tan agradecida! Ahora sí, Sita cumple su parte del trato y echan otra carrera. ¡Marta gana por los pelos!

Al día siguiente, Sita vuelve del cole muy contenta y busca a su madre por toda la casa.

—¡Mamá, mamá! —Sita grita, emocionada—. ¡A Marta le han puesto un ocho en su redacción! ¡Qué consejo tan bueno le di!, ¿a que sí?

Sita abraza a su madre, feliz por haber ayudado a su amiga.

El don del consejo es uno de los dones del Espíritu Santo. Por eso, Aconsejar a quien lo necesita no significa criticar a los demás ni decirles lo mal que hacen las cosas y lo bien que las hacemos nosotros, sino tratar de ayudarlos, pensar de corazón qué pueden necesitar y darles buenos consejos para que se comporten tal y como a Jesús le gustaría. Si escuchamos al Espíritu Santo, ¡seguro que podremos aconsejar de maravilla a quien lo necesite!

# 10.

# Corregir
## al que se equivoca

Es domingo por la mañana y, como cada semana, toca ir a misa a visitar a Jesús. Sita, Pepe, mamá, papá y la abuela están sentados en el mismo banco de siempre, escuchando la homilía tan bonita que dice el padre Joaquín. ¡Aprenden un montón de cosas los domingos!

Como a Sita y a Pepe les encanta participar en misa, los dos son los encargados de pasar el cepillo. Es un trabajo muy importante porque todas esas monedas van a ayudar a que los más necesitados tengan para comer. Por eso, los dos se lo toman muy en serio y lo hacen estupendamente.

Pepe recorre con su cesta, despacito y con una sonrisa, los bancos del fondo. Cuando llega al final, encuentra a Pablo y Jaime, sus amigos del cole, armando follón, ¡hasta se han traído sus muñecos de superhéroes para jugar a pelear! Pepe se marcha sin decirles nada, deja la cesta en el altar y vuelve a su banco muy callado.

Después de misa, toda la familia va a dar un paseo por el parque. ¡Hace un día buenísimo!

—¡Mamá, mamá! —dice Pepe, emocionado, subiéndose al columpio—. ¡Empújame tan alto que llegue a tocar el cielo!

Mientras vuela en el columpio, Pepe le cuenta a mamá lo que ha pasado en misa.

—Vaya, Pepe, tus amigos no se han portado muy bien. ¿Tú qué les has dicho?

—¿Yooooooo? —se extraña Pepe—. ¡Nada!

—Pues es tu obligación, Pepe —le explica mamá—. Hay que corregir a las personas que se equivocan, sobre todo si son nuestros amigos o nuestra familia. Tenemos que llamarles la atención desde el cariño y un poco en secreto, sin que se enteren los demás, porque lo que queremos es ayudarlos, no avergonzarlos, ¿verdad?

—Claro, mamá —responde Pepe—. Quiero que se porten bien para que Jesús esté contento con ellos.

—¡Pues ya sabes lo que tienes que hacer! —exclama mamá, dándole un empujón muy alto al columpio.

El domingo siguiente, mientras Pepe pasa el cepillo, vuelve a encontrarse a Pablo y Jaime haciendo trastadas. Esta vez, juegan a echar carreras con sus coches de juguete. Pepe se acerca a ellos despacio y, sin que nadie lo vea, se agacha a su lado.

—Chicos, la iglesia no es el sitio para jugar —susurra Pepe—. Es la casa de Jesús y hay que venir a rezar, a estar en silencio y a escuchar a don Joaquín. Si queréis, jugamos después de misa en el parque.

Pepe se levanta y continúa recogiendo los donativos muy contento. Pablo y Jaime, muertos de vergüenza, se dan cuenta de que Pepe tiene razón, guardan sus coches y se sientan en un banco para atender.

Ya después de misa, los tres amigos se divierten juntos en el parque, jugando con sus coches, echando carreras y columpiándose muy alto. ¡El parque sí es el sitio perfecto para jugar!

Puede que nos parezca que corregir al que se equivoca consiste en regañar y destacar lo malo que hacen los demás para que todo el mundo se entere, pero no es así. Es una obra de misericordia muy necesaria que tenemos que practicar siempre en voz baja, con cariño y humildad, ya que muchas veces somos nosotros los que necesitamos que nos corrijan. Y es que todos, en algún momento, hacemos cosas un poco regulares... Jesús se pondrá muy contento si corregimos no queriendo obligar ni imponer, sino iluminar.

# 11.

## Perdonar

## al que nos ofende

¡Goooooooooool! El equipo de Pepe ha marcado otra vez, ¡y ya van 3-0! ¡Qué bien están jugando hoy!

Pepe es defensa y, aunque no ha metido ningún gol, los ha celebrado entusiasmado con todos sus amigos. Por fin parece que van a ganar un partido después de perder cinco seguidos. ¡Se acabó la mala racha!

Pepe va corriendo por la banda con el balón, ¡no hay quien lo pare!, pero, cuando está a punto de pasarle a un compañero, su amigo Guille, que juega en el equipo contrario, le hace una falta muy fea y le tira al suelo. ¡Qué daño se ha hecho Pepe en el tobillo! ¡No puede ni andar!

—¡Guille, eres un bruto! —le grita Pepe muy enfadado, mientras se va hacia la enfermería ayudado por dos compañeros.

—¡Tampoco ha sido para tanto, menudo quejica! —responde Guille entre risas.

Papá llega a la enfermería para ver cómo está Pepe. La enfermera le ha puesto un poco de hielo en el tobillo y una venda. Le duele un montón.

—¡Se va a enterar Guille cuando lo pille! —refunfuña Pepe—. Le voy a

hacer lo mismo que me ha hecho a mí, a ver quién es el quejica entonces.

—Está muy mal eso de vengarse, Pepe —le explica papá—. Lo que tienes que hacer es perdonarlo por el daño que te ha hecho.

—¡Pero si no me ha pedido perdón! ¡Y encima se ha reído de mí!

—Ya lo sé, hijo, pero hay que perdonar hasta a los que no nos piden perdón. ¿Tú sabes lo bien que te vas a sentir después contigo mismo? Te vas a quitar la rabia de encima, ¡ya lo verás! —papá parece muy convencido de sus palabras.

Pepe, un poco a regañadientes y sin fiarse mucho, acepta el consejo. Después del descanso, se sienta en el banquillo con sus compañeros suplentes. Le sigue doliendo el tobillo y tiene que descansar.

Cuando el entrenador del equipo contrario cambia a Guille, Pepe se acerca a él a la pata coja y se sienta a su lado.

—Oye, Guille, que sepas que te perdono. Aunque me hayas hecho mucho daño, no quiero hacértelo yo a ti, así que estamos en paz —le dice Pepe con una sonrisa enorme.

Guille se queda sin palabras, ¡pensaba que Pepe le iba a devolver la patada, no a perdonarlo!

—Vaya, Pepe, no sabía que te había hecho tanto daño... Lo siento, he sido un poco bruto —se arrepiente Guille.

Pepe y Guille se dan la mano como buenos amigos. Antes de volver a su sitio, Pepe se acerca a la grada en la que está papá y le grita, muy contento:

—¡Tenías razón, papá, ahora me siento mucho mejor!

Perdonar al que nos ofende es tan importante que hasta lo decimos en el Padrenuestro. Es una obra de misericordia que consiste en tratar bien a quien nos ha tratado mal, superando las ganas de venganza y poniendo paz, aunque nos hayan hecho daño queriendo o la ofensa haya sido muy grande. Y es que perdonando hacemos el bien dos veces: primero, al que nos pide perdón y, después, a nosotros mismos, haciendo que nuestro corazón esté contento y reparta misericordia. Y, por supuesto, es tan importante perdonar como pedir perdón. ¡No nos olvidemos!

# 12.

# Consolar
## al triste

¡Qué contenta se ha levantado hoy Sita! Está muy ilusionada porque su amiga Ana celebra su cumple con una gran fiesta. ¡Está invitada toda la clase! Además, Sita se ha encargado, con ayuda de papá, de comprarle el regalo: un casco chulísimo para la bici con una cantimplora a juego. Está segura de que le va a fascinar.

En cuanto dan las cinco en punto, Sita y sus amigos salen disparados de clase. ¡Es la hora de la fiesta! En el jardín de Ana no falta de nada: globos, serpentinas, piñata, un montón de sandwiches y una deliciosa tarta de chocolate, ¡qué buena pinta tiene!

Todos los niños se lo están pasando pipa. Juegan a las carreras de sacos, a policías y ladrones, al pañuelo, incluso a la búsqueda del tesoro con un mapa de piratas. Cuando están haciendo los equipos para jugar a relevos, Sita se da cuenta de que Mateo está solo, sentado debajo de un árbol.

—¡Jugad esta vez vosotros, yo vengo ahora! —Sita deja a sus amigos preparando los equipos y va en busca de Mateo.

—¡Hola, Mateo! ¿Qué haces aquí, solo y aburrido? —pregunta Sita, sentándose a su lado.

—Nada, es que no tengo ganas de jugar —responde Mateo, muy serio.

—¡Pero si lo estamos pasando fenomenal! ¡No me creo que no tengas ganas! Además, no has probado nada de la merienda —Sita se queda mirando a Mateo, que cada vez tiene una cara más tristona—. ¿Qué te pasa? Pareces muy triste.

—Es verdad que estoy un poco triste, Sita —a Mateo se le escapa una lágrima—. Es que mi hermano se va a estudiar a París un año entero y me da muchísima pena. ¡Voy a echarlo tanto de menos...! —Mateo rompe a llorar y Sita trata de consolarlo.

—Venga, Mateo, ¡tranquilo! Los amigos estamos para animarnos cuando estamos tristes, ¿a que sí? —le dice Sita muy cariñosa—. Piensa que solo es un año, se te va a pasar volando y, además, seguro que vais a visitarlo en avión, ¡ya verás qué bonito es París!

—¿Tú crees? —pregunta Mateo, secándose las lágrimas.

—¡Claro que sí! ¡Lo vais a pasar de miedo todos juntos! Y, con lo que te gustan los cruasanes, ¡allí te van a chiflar seguro!

Mateo se ríe de la ocurrencia de Sita.

—Si es algo bueno para tu hermano y él está contento, tú también tienes que estarlo, ¿verdad? Aunque te dé pena y lo vayas a echar de menos.

Mateo lo piensa despacio y asiente con la cabeza. Sita tiene razón. Los dos se levantan del suelo, listos para unirse a la fiesta.

—Oye, Sita —le dice Mateo bajito—, ¿me acompañas a buscar un cruasán? ¡Me ha entrado mucha hambre!

Todos estamos tristes alguna vez: porque hemos suspendido o porque echamos de menos a nuestros familiares que están en el cielo, o porque los planes no salen como queremos... ¡Hay muchos motivos! Por eso, esta obra de misericordia es muy bonita e importante porque nos anima a acompañar a los demás en su tristeza, a llevarles alegría, esperanza, cariño y buen humor. Nos invita a consolarlos y a que sientan que los comprendemos y vamos a estar a su lado, siempre de la mano de Jesús, el mejor compañero de tristezas.

# 13.

# Sufrir con paciencia

## los defectos del prójimo

—¡Fiummmmmmmmmm! ¡Fiummmmmmmmm! ¡Fiummmmmmmmm!

¡Cómo se lo está pasando Pepe con su coche nuevo! No para quieto ni un momento, corriendo por toda la habitación, saltando sobre las camas, tirándose por el suelo, lanzando el coche contra la pared... Mientras tanto, Sita trata de colorear su libro tranquilamente, ¡pero es imposible! Intenta concentrarse, resopla, respira hondo y ¡bum! El coche vuelve a chocar contra la pata de su silla.

—Pepe, no me des golpes, que estoy pintando...

—Pepe, no grites tanto, que me molestas...

—Pepe, cuidado con las cortinas, que las vas a romper...

¡Pero Pepe sigue a lo suyo! Cuando empieza a subir el coche por la cabeza de Sita, como si fuese una montaña gigante, su hermana se levanta de golpe, muy enfadada.

—¡Pepe, basta ya! —grita Sita—. ¡Vete de aquí! ¡Se me ha acabado la paciencia!

Pepe hace un puchero en silencio y sale de la habitación con su coche en

la mano. Mamá, al escuchar las voces de Sita, entra en la habitación con Pepe de la mano.

—Pero Sita, ¿qué forma es esa de hablar a tu hermano?

—¡Es que me está molestando! No para de saltar, de hacer ruidos, de darme golpes... ¡Es un pesado! —protesta Sita.

—No, Sita, no es un pesado —responde mamá muy seria—. Pepe es distinto a ti, es un terremoto y le cuesta estarse quieto y escuchar. Es un pequeño defecto que tenemos que ayudarle a mejorar y, mientras tanto, tener paciencia con él, como tenemos contigo cuando estás un poco perezosa y tampoco obedeces, ¿no te parece?

—¡Eso! —Pepe aprovecha y vuelve a entrar en la habitación con el coche para seguir jugando. Sita le mira de reojo un poco enfurruñada.

—Pepe, pórtate bien y no molestes a tu hermana. Sin gritos ni golpes, ¿de acuerdo?

—¡Sí, Mamá!

A la mañana siguiente, Pepe se levanta como una bala. ¡Por fin ha llegado el día de la excursión! Papá, mamá, Sita, Pepe y Rayo se van a la montaña con las bicis y la tienda de campaña, a pasar dos días enteros. ¡Se muere de ganas!

Mamá está metiendo las mochilas con los sacos de dormir en el coche, papá está terminando de preparar los bocatas y la fruta, y Pepe es el encargado de llevar la comida de Rayo, pero... ¿dónde está Sita?

Pepe sube a su habitación y se encuentra a Sita durmiendo, ¡qué perezosa es!

—¡Siiiiitaaaaaaaaa! ¡Levántate yaaaaaa! —Pepe zarandea a su hermana, pero Sita no le hace ni caso y sigue durmiendo.

Mamá entra en la habitación y se ríe.

—Pepe, ¿te acuerdas de que hay que tener paciencia con los defectos de los demás?

—¡Jooooooo Mamáaaaaaa! ¡Que me quiero ir yaaaaaaa!

¡Pobre Pepe! Parece que la excursión va a tener que esperar un ratito...

¡Qué difícil es poner en práctica esta obra de misericordia! Y es que todos tenemos pequeños defectos o formas de ser que, aunque no nos damos cuenta y para nosotros no tienen importancia, pueden molestar a los demás: ser un poco desordenados o despistados o ruidosos o distraídos... Por eso, ante todo, debemos pedir a Jesús que nos conceda la virtud de la paciencia para no enfadarnos ni perder los nervios, sino ser comprensivos y tolerantes con los defectos de los demás, igual que ellos lo son con los nuestros.

# 14.

# Rezar a Dios

## por los vivos y los difuntos

¡Hora de dormir! Sita y Pepe están agotados. Se han pasado todo el día jugando a los náufragos. ¡Hasta han construido una cabaña debajo de un árbol con sábanas y todo! Se lo han pasado bomba. Tanto, que incluso se les ha hecho de noche en el jardín.

Después de ponerse el pijama y lavarse los dientes, Sita y Pepe se meten en la cama y la abuela les arropa despacio y con cariño.

—Venga, niños, antes de dormir vamos a rezar un poquito.

—¡Ay, abuela! Es que tengo mucho sueño, ¿no podemos rezar mañana? —le pide Sita, mientras se le cierran los ojos.

—¡De eso nada, Sita! Hay que rezar todos los días —Pepe se levanta de la cama y se sienta junto a la abuela muy decidido.

—Pepe tiene razón —explica la abuela—. Hay que rezar todos los días un ratito para dar gracias por todas las cosas buenas que tenemos y también para pedir por los demás. ¡Es una obra de misericordia muy importante!

Sita se levanta un poco desganada.

—¿Rezar es una obra de misericordia? —pregunta.

—¡Claro que sí! ¡La más completa de todas! ¿Sabéis por qué?

Sita y Pepe niegan con la cabeza.

—Pues porque rezando le pedimos a Dios que ayude a todas esas personas que nosotros no podemos ayudar: a los niños de tantos países del mundo que no tienen para comer ni para beber, a las personas que están enfermas o solas, a todos los que sufren porque sus países están en guerra, o a los que están tristes y no conocen a Jesús... —explica la abuela despacio—. Pero también rezamos por los que están en el cielo, para que estén con Dios y él los cuide.

—Como el abuelo Tomás, ¿verdad, abuela?— pregunta Pepe.

—Sí, Pepe, como el abuelo —responde la abuela—. Por eso, es muy importante que no nos olvidemos de hablar con Dios para que nos ilumine y nos dé ánimos para hacer siempre las cosas bien, ¿no os parece?

—Creo que tienes razón, abuela— dice Sita, convencida—. Además, rezar es bien fácil y no tenemos ni que movernos de la cama.

—¡Mira que eres perezosa! —la abuela se ríe y le revuelve el pelo a Sita.

—Entonces, ¿qué? ¿Por quién vamos a pedir hoy?

—Deberíamos pedir por mi amigo Marcos, que le van a operar de anginas y está muy asustado —dice Pepe.

—Y por el grupo de la parroquia que se marcha a un pueblo de África a construir pozos para que tengan agua, para que les vaya genial y ayuden a muchas familias —dice Sita.

—¡Vaya dos ideas buenas que habéis tenido! Jesús se va a poner contentísimo.

Sita, Pepe y la abuela se san-tiguan y rezan al Ángel de la Guarda, un Padrenuestro, un Ave María y, por supuesto, un Jesusito de mi vida. Al terminar de rezar, la abuela les da un beso de bue-nas noches a Sita y a Pepe y apaga la luz.

Rezar a Dios por todos es una obra de misericordia muy sencilla que podemos practicar siempre que queramos. Es una de las más bonitas porque es como charlar con Dios, estar a su lado y hablarle de todas las personas a las que queremos, los que tenemos cerca y los que están en el cielo. A veces no podemos ayudar a todos los que nos gustaría porque están lejos o porque somos pequeños. Por eso, rezar por ellos es la mejor forma de ayudarlos, acompañarlos y de sentirnos muy cerca de Dios.

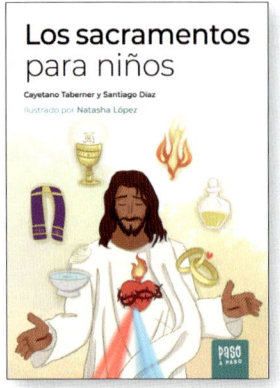

# Los sacramentos
## para niños

Cayetano Taberner y Santiago Díaz

Ilustrado por Natasha López

# La confesión
## para niños

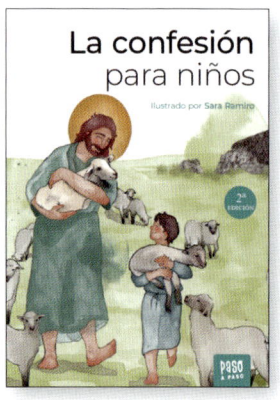

Ilustrado por Sara Ramiro

2ª edición

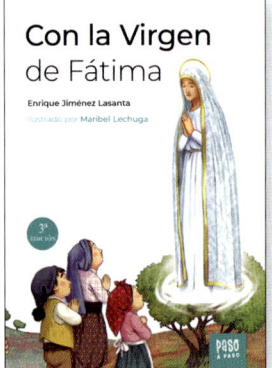

# Con la Virgen
## de Fátima

Enrique Jiménez Lasanta

Ilustrado por Maribel Lechuga

3ª edición

# Héroes y heroínas
## de las virtudes humanas

Enrique Jiménez Lasanta

Ilustrado por Maribel Lechuga

4ª edición

# Preguntas y respuestas con Jesús
## Curiosidades sobre la fe

Ricardo Regidor

Ilustrado por Natasha López